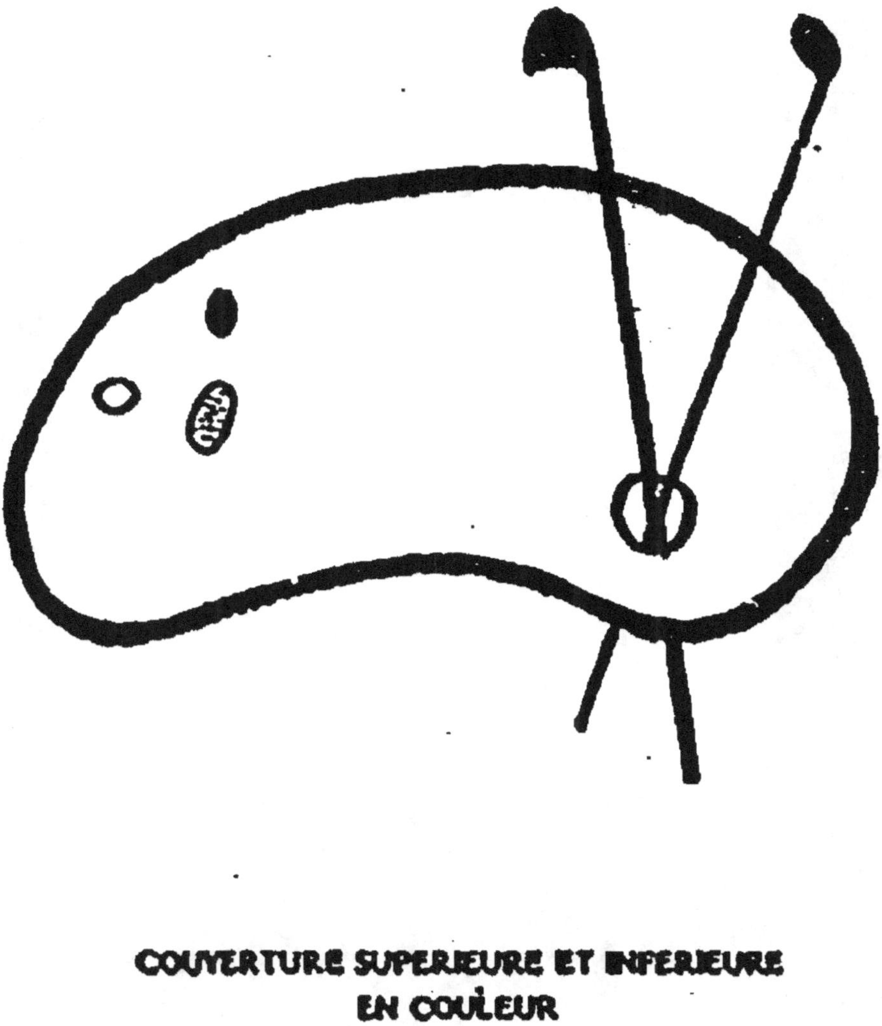

**COUVERTURE SUPERIEURE ET INFERIEURE
EN COULEUR**

1829 Mai (22, 23 et 25)

Ventes
des
Tableaux
de
Demarne

1829 et 1833.

22, 23 et 25 mai 1829

CATALOGUE
DES
TABLEAUX
précieux,

DON S-PROST

ÉTUDES PEINTES, DESSINS ET CROQUIS,
LIVRES DE CROQUIS, PLANCHES GRAVÉES,
EAUX-FORTES ET LITHOGRAPHIES

DE M. DEMARNE,
Peintre de genre et de paysage, et Membre de la Légion-d'Honneur ;

DES

TABLEAUX, DESSINS, ESTAMPES ET RECUEILS
QUI FORMAIENT SON CABINET,

MÉDAILLES D'OR,
AINSI QUE DES OBJETS DIVERS, RELATIFS A LA PEINTURE,

Dont la vente publique aura lieu, par suite de son décès, les vendredi 22, samedi 23 et lundi 25 mai 1829, rue de Cléry, n. 21, heure de midi.

L'exposition aura lieu même local, de midi à quatre heures, les mercredi 20 et jeudi 21 mai.

LE CATALOGUE SE DISTRIBUE
A Paris,

Chez
- M°. BONNEFONS DE LAVIALLE, Commissaire-Priseur, rue Saint-Marc, n. 14.
- M. PÉRIGNON père, rue du Dauphin, n. 1.
- M. PÉRIGNON fils, rue Bourbon-Villeneuve, n. 7.

A Bruxelles,
Chez M. SPRUYT, artiste peintre, rue du Lombard, n. 1532.

AVANT-PROPOS.

Nous aurions voulu donner ici des dé... vie de M. Demarne; ces détails ne peuvent manquer d'intéresser les amateurs des beaux-arts; le talent de cet artiste si généralement apprécié, sa réputation répandue dans tous les pays où l'on s'occupe de peinture, font un devoir à sa famille de donner des notions exactes et étendues sur toutes les circonstances de sa vie. Les matériaux utiles pour ce travail n'étant pas encore réunis, il est ajourné, et nous y suppléerons en joignant à ce catalogue le discours plein d'intérêt qui a été prononcé, sur la tombe de M. Demarne, par M. Gossuin.

L'exposition des ouvrages de cet excellent peintre va prouver de nouveau que, pour arriver à la supériorité dans les arts, les plus beaux dons de la nature ne dispensent pas des efforts soutenus et de la constance des études. Certes, le talent de Demarne est pour ainsi dire tout naturel, et semble né avec lui ; mais, si la nature avait donné les dispositions, le travail a donné la perfection et a augmenté encore cette facilité charmante qui brille dans toutes ses productions. Ses portefeuilles pleins de dessins, de croquis et d'études peintes de tous genres, vont confirmer ce que nous avançons; ils seront une source utile aux jeunes artistes qui se destinent au même genre, et donneront des jouissances aux amateurs qui aiment à lire dans un croquis, et qui savent en apprécier l'esprit.

On sera surpris, comme nous l'avons été nous-mêmes, de trouver à cette vente 80 tableaux* de Demarne; car ils étaient, si l'on peut s'exprimer ainsi, d'un débit assuré et continuel, et étaient enlevés du chevalet dès qu'il y avait mis la dernière main. Cette réserve est composée, en grande partie, de celles de ses productions qu'il affectionnait au point de n'avoir voulu s'en détacher pour aucun prix, et sans contredit elles méritaient en effet cette préférence. Ces tableaux vont être d'un grand intérêt pour les amateurs et les spéculateurs : ils y remarqueront des compositions dans tous les différens genres que Demarne s'était rendus familiers : des intérieurs ou sujets avec les costumes pittoresque du 16⁰. siècle, des routes, des foires de village, des ports de mer, des paysages champêtres ornés de figures et d'animaux, des sujets familiers et même quelques sujets historiques. En multipliant leurs jouissances et en servant leurs spéculations, les amateurs et les

* Quelques-uns de ces Tableaux faits dans les derniers temps sont plus faibles et indiquent le décroissement inévitable de son talent; ceci se borne à un petit nombre que nous avons indiqué comme ses derniers ouvrages.

commerçans auront la satisfaction de rendre honneur à la mémoire d'un artiste aussi habile et aussi célèbre qu'il était modeste et simple dans sa manière d'être, et qui, dans tout le cours de sa longue carrière, a mérité l'estime et l'amitié de ses camarades et de tous ceux qui l'ont connu.

C'est à présent peut-être aussi le cas de parler spéculations et valeurs commerciales : les personnes qui s'occupent de tableaux s'accordent toutes à dire que les productions de Demarne ont eu, de tout temps et dans presque tous les pays, un cours qui n'a jamais fléchi; ce sont pour ainsi dire des billets de banque ; dans les ventes publiques même, où beaucoup de fort bons ouvrages perdaient de leur valeur en raison du caprice ou des circonstances, on voyait ceux de Demarne se soutenir et conserver la leur. Il n'y a pas à douter qu'après la mort de cet artiste laborieux, ses tableaux n'augmentent de prix d'une manière remarquable; les amateurs, étant privés du plaisir de les choisir dans son atelier, vont être obligés de recourir à ceux qui seront dans le commerce, et en augmenteront continuellement le cours.

Aucun objet étranger n'a été ajouté : on aura, dans cette vente, la certitude d'acquérir des tableaux qui sortent de l'atelier de l'artiste, ce qui est un grand point pour la spéculation, et ce qui est même aussi quelque chose pour la jouissance de l'amateur.

Nous appellerons l'attention sur une suite de

planches gravées à l'eau-forte par Demarne, et qui forment son œuvre.

Les amateurs ne verront pas sans intérêt quelques tableaux et dessins de différens maîtres, nombre d'estampes, recueils, eaux-fortes et divers autres objets relatifs à la peinture, qui formaient le cabinet de M. Demarne.

Cette vente aura lieu sans aucune restriction de la part de sa famille, qui s'est fait un devoir de livrer au public, sans réserve et sans aucune idée de spéculation ultérieure, tout ce qui est resté de cet artiste célèbre.

Les vacations commenceront à midi précis, par les eaux-fortes, estampes, recueils, objets divers, et par les dessins et études peintes de M. Demarne : ses tableaux seront vendus à partir de 2 heures, en deux vacations. Les planches gravées seront vendues à la fin de la première vacation.

DISCOURS

Prononcé par M. Gossuin sur la tombe de M. Demarne, *peintre de genre et de paysage.*

Nous venons rendre ici un dernier hommage à un homme également recommandable par ses vertus et par ses talens.

Jean-Louis Demarne naquit à Bruxelles en 1744. Son

père, qui était officier au service de l'empereur d'Allemagne, laissa peu de fortune. Sa passion pour la peinture se déclara de bonne heure; elle devint en lui si forte, que le comte de Yelowski, qui avait épousé sa sœur, voulant l'emmener avec lui, pour le placer dans les gardes nobles du roi de Pologne, le jeune Demarne préféra l'art qu'il cultivait à toutes les séductions de l'ambition et de la fortune. Il resta huit ans dans l'atelier de M. Briare, peignit d'abord l'histoire, et ensuite le paysage historique.

Il concourut avec David, l'année même que ce grand peintre remporta le prix et alla à Rome. Demarne était destiné à suivre une autre route. Les tableaux de Karel Dujardin firent sur lui une impression si vive et si profonde, qu'il se décida à prendre ce genre, et à suivre la route tracée par ce grand maître. Il composa, en 1784, un tableau de paysage et d'animaux qui le fit recevoir membre de l'Académie royale de peinture.

Mais cet habile artiste avait des idées trop fécondes pour suivre servilement la manière d'un maître. Bientôt il ne prit plus d'autre guide que son propre génie. Il y a mille manières différentes de voir la nature, et toutes vraies. Poussé par un instinct irrésistible vers elle, Demarne eut à combattre à la fois la mode et le style académique. Ce qu'on appelle le *style*, dans les académies, est pour le génie, dont il restreint les dimensions, comme le lit de Procruste. Qu'on juge combien doit souffrir l'homme né avec d'heureuses dispositions, auquel la médiocrité impose sa fatale mesure! L'abus du style académique fut poussé si loin chez nous, qu'on ne faisait plus qu'effleurer les parties principales de l'art. On indiquait à peine les formes et les couleurs, et, au lieu de l'imitation de la nature, on ne voyait plus que des choses factices et de convention. Aussi, les productions composées d'après les règles académiques, quoique offrant quelque régularité dans l'ensemble, avaient plutôt l'air de tapisseries ou de décors que d'études faites d'après nature.

Rien ne donne une idée plus juste de cette époque que la manière dont la peinture y était cultivée. Des grâces minaudières, une puérile affectation de repousser l'image des choses sérieuses, les ris et les amours folâtrant partout, tel est le caractère auquel on reconnaît l'école de Boucher et de Van Loo. C'était la cour qui donnait le ton, et il n'était plus permis de retracer aux yeux des grands seigneurs que les jeux et les traits de l'enfance; on eût dit que cette race frivole ne pouvait plus supporter la vue d'un homme, ni celle d'une action virile.

Demarne et Greuse réformèrent le genre, comme David réforma l'histoire. Nous étions sortis de la nature; il nous y ramena par l'exemple, qui est la plus puissante des leçons.

Mais, avant de louer le talent de l'artiste, rendons un instant hommage aux vertus du citoyen. Comme tous les hommes supérieurs de cette époque, Demarne suivit le grand mouvement imprimé à l'esprit humain, mouvement que les efforts de quelques pygmées tenteraient en vain aujourd'hui d'arrêter. Contemporain des David, des Regnaud, des Lethiers, des Taunay et des Greuze, il leur disputa la palme du génie et du civisme. Un seul trait fera connaître combien l'attachement de M. Demarné à la cause de la liberté était sincère. Il n'hésita pas, quoique peu riche, à porter ses bijoux à la monnaie pour secourir la patrie en danger. Et au moment où il faisait un si généreux sacrifice, il refusait de l'or dans son atelier, et n'acceptait que des assignats, afin de ne pas déprécier une valeur dans laquelle la France trouvait des ressources pour repousser toute l'Europe féodale armée contre elle!

C'est au noble désintéressement de M. Demarne qu'il

faut attribuer la nécessité où il fut long-temps de peindre de la porcelaine pour la manufacture de Sèvres et pour celle de M. Dihl. Mais, enfin, ses ouvrages, appréciés de tous les amateurs de la belle peinture, devinrent l'ornement des premiers cabinets de Paris et de l'Europe. Au mérite de faire des paysages avec des animaux, qu'on peut mettre à côté des chefs-d'œuvre de l'école flamande et hollandaise, il a joint celui de faire des intérieurs, des marines et des batailles dignes des plus grands peintres. Il lutta tour à tour avec Karel Dujardin, Vandevelde, Berghem, Paul Potter, Wouvermans, Adrien Ostade et Ruysdaël. On peut dire avec vérité qu'il est le seul peintre qui ait réuni tant de genres différens à la fois. Aucun autre n'a composé ses tableaux avec plus d'esprit et de grâce, aucun ne les a enrichis de détails plus variés et plus piquans. Tous les objets relatifs à son art étaient présens à sa mémoire, et il les a peints tels qu'ils sont dans la nature.

Quelques peintres, qui ne sont pas coloristes, affectent de dédaigner la couleur dans les autres; c'est dédaigner la nature elle-même et vouloir la dépouiller de son plus bel ornement. Le but de l'art, c'est le beau, et quelles beautés ne produit pas le coloris! Les combinaisons infinies du ton local avec la lumière, reçue directement ou reflétée par les objets environnans, sont aussi difficiles à saisir que la finesse des contours et des formes. C'est cette légèreté et cette transparence de tons qui fait le principal mérite de M. Demarne et des peintres flamands; elle plonge tous les objets qu'elle embrasse, sur la toile comme dans la nature, dans un vaste milieu d'air et de lumière, dont l'effet magique transporte le spectateur sur les lieux mêmes et lui fait oublier qu'il est devant un tableau, c'est-à-dire devant une surface plate, opaque et sans profondeur.

Si le coloris se bornait à reproduire le ton local de

chaque objet, sans être modifié par la lumière, et si le dessin consistait à reproduire des figures formées de lignes droites et de lignes courbes régulières, il n'y aurait rien de plus simple et de plus facile que la peinture ; ce serait un art purement mécanique. Mais il n'en est pas ainsi : le dessin et la couleur renferment toutes les beautés de la nature, et pour les saisir il faut un sentiment et un goût exquis.

Quelque superbe que soit le dédain de ceux qui sont esclaves du *style*, et qui méprisent l'imitation vraie et naïve de la nature, vous ne trouverez jamais dans les tableaux de M. Demarne une figure qui ne soit animée et en action, et c'est la vie et le mouvement qui sont les parties les plus difficiles du dessin.

Pour animer la toile ou le marbre, il faut, comme Prométhée, avoir dérobé le feu du ciel.

Les portes de l'Institut sont restées fermées devant M. Demarne, mais celles de la postérité s'ouvrent en ce moment pour lui, et il y sera reçu d'une voix unanime !

CATALOGUE
DE TABLEAUX,
ESQUISSES, DESSINS, ÉTUDES, ETC.

PREMIÈRE PARTIE.

TABLEAUX,
ESQUISSES ET ÉTUDES PEINTES,
DESSINS TERMINÉS,
CROQUIS, PLANCHES GRAVÉES,
EAUX-FORTES ET LITHOGRAPHIES
DE M. DEMARNE.

TABLEAUX.

1. Un tableau d'une grande dimension, et le plus important qui soit sorti du pinceau de M. Demarne : il représente dans un paysage des animaux grands comme nature, gardés par une jeune villageoise qui tourne la tête du côté de ce troupeau. On remarque, comme objets prin-

cipaux, un bœuf rouge et blanc, une vache couchée près de lui, et à côté une chèvre blanche avec ses deux petits chevreaux; plus loin un âne et une chèvre à l'ombre d'un grand arbre dont les branches garnissent le haut du tableau. Les devans sont ornés de diverses plantes largement touchées; dans l'éloignement, on distingue une prairie où sont quelques animaux, une rivière et des fonds de montagnes ornées de fabriques qui se joignent à un ciel chargé de nuages. On admire dans ce tableau, qui semble avoir été fait sur nature, tant il offre de vérité, la vigueur et la fermeté de l'exécution; les animaux sont dessinés et touchés savamment; la couleur en est brillante, et l'effet naturel et séduisant. M. Demarne semble avoir voulu prouver, par cette production, jusqu'à quel point il pouvait agrandir sa manière. Ce tableau a été exposé avec succès à l'un des derniers salons; il serait un modèle à suivre pour les élèves qui se destinent au même genre, et conviendrait parfaitement à l'ornement d'une galerie ou d'un musée. H. 8., l. 10.

2. Un tableau important, et de la belle manière de M. Demarne; il représente un paysage de style historique. Sur le devant on remarque le groupe d'un jeune berger et d'une jeune femme vêtue à l'antique; elle fait danser un joli enfant sur son pied; près d'eux est leur chien endormi; on y voit aussi une chèvre blanche couchée, une vache et d'autres animaux. Cette partie du tableau est

éclairée d'une manière piquante par le soleil, ce qui fait opposition avec le reste du paysage, entièrement dans une demi-teinte douce et vaporeuse, produite en grande partie par des arbres élevés, aux pieds desquels on distingue encore divers animaux. De hautes montagnes, où l'on aperçoit des fabriques, se détachent sur un ciel d'un ton chaud, qui donne l'idée du climat de l'Italie et de la saison de l'été. Ce tableau, dont les figures sont d'une dimension plus grande que celle ordinaire à M. Demarne, est rendu avec le plus grand soin dans tous ses détails; on voit que c'est un de ceux qu'il a faits pour établir sa réputation et pour donner à juger de l'étendue de son talent. Il mérite, ainsi que le précédent, une place dans un musée public, et sera un modèle précieux pour les jeunes artistes. T. l. 59, h. 45.

5. Un précieux tableau des plus capitaux qui soient sortis du pinceau de M. Demarne, et de la plus belle exécution; il représente une vaste campagne pendant la moisson, et il est enrichi de plusieurs figures et animaux. En avant, près d'un goupe d'arbres élevés, on remarque deux femmes jouant avec un paysan en gardant un riche troupeau de vaches, d'ânes, de chèvres, de béliers et de moutons; on y remarque aussi une jeune fille tenant une chèvre qui allaite un jeune garçon. La partie de terrain où sont ces groupes est entourée d'un canal qui la sépare de plaines étendues où paissent encore quelques ani-

maux; plus loin, des paysans s'occupent du travail de la moisson, et chargent une charrette de foin. Les fonds offrent d'un côté diverses habitations, et de l'autre la pleine mer, où l'on aperçoit des navires; des plantes bien rendues, un ciel bien nuagé et d'une harmonie parfaite, complètent la composition où l'artiste s'est plu à déployer toutes les ressources de son talent. On y admire autant l'intelligence de la composition et la disposition heureuse des groupes, que la manière spirituelle et vraie dont tous les détails sont rendus. Nous croyons pouvoir dire que ce précieux tableau soutiendrait la comparaison avec les productions des meilleurs peintres des anciennes écoles flamande et hollandaise. T. l. 34., h. 25.

4. Un tableau des plus riches de composition; il représente une foire de village animée par tous les épisodes variés qui caractérisent ces sortes de fêtes. En avant, on voit un homme monté sur un cheval blanc, et causant avec des paysans; près d'eux sont des bœufs et divers animaux de la plus belle exécution. D'un côté, on remarque un groupe de paysannes vivement occupées de leur conversation, et dans la foule un dragon et d'autres militaires; de l'autre, on voit un marchand de ferrailles, des diseurs de bonne aventure et beaucoup d'autres groupes. En avant, on distingue une paysanne se reposant sur un tronc d'arbre et gardant ses deux chèvres; dans les fonds on aperçoit tous les dé-

tails qui indiquent un gros village, des charrettes, des tentes et plusieurs bouquets d'arbres variés. Un ciel, remarquable par la fraîcheur du ton et la légèreté des nuages, éclaire ce tableau que nous recommandons à l'attention des amateurs comme un des plus précieux qui soient sortis du pinceau de M. Demarne, et dont l'exécution est poussée au plus haut degré de perfection. T. l. 20, h. 18.

5. Un port de mer animé par l'activité du commerce. On remarque en avant un groupe considérable attroupé autour d'un homme qui joue du violon, tandis que sa femme distribue des chansons. les auditeurs sont un homme monté sur un cheval, des paysannes, des hommes de toutes classes, et des marchands dans le costume asiatique; on remarque aussi en avant des enfans groupés près d'une faiseuse de crêpes; plus loin, près d'un bâtiment qui semble être la douane, on voit des ouvriers occupés à transporter des marchandises, et dans le fond, un fort qui défend l'entrée du port. Un ciel bien nuagé se joint à la mer, qui termine l'horizon. Nombre de groupes, dispersés sur les différens plans et dans divers costumes, animent toute cette composition, dont les détails sont rendus avec la plus grande finesse. B. l. 25, h. 19.

6. Une grande route au milieu d'un paysage de l'aspect le plus riche et le plus varié. D'un côté,

on voit une tourelle environnée d'arbres et d'habitations rustiques ; à laquelle on arrive par un pont. On remarque une charrette à foin sur ce pont ; il traverse un canal qui baigne toutes les habitations qui occupent cette partie du tableau ; d'un autre côté, près d'un terrain occupé par des blés et en partie ombragé par des arbres indiquant l'entrée d'une forêt, on distingue un nombreux troupeau près d'une meule. Les devans sont enrichis de groupes variés, parmi lesquels on voit un jeune homme et une dame dans un cabriolet et causant avec un militaire ; à côté est une charrette de villageois suivie d'un homme monté sur un âne, et enfin, sur le milieu de la route qui est bordée de grands arbres et va jusque dans le fond, on voit une femme conduisant des bœufs et des vaches. Ce tableau, de l'aspect le plus riant, est terminé avec le plus grand soin dans ses nombreux détails ; il nous semble être un de ceux qui ont dû établir la réputation que M. Demarne s'est faite en peignant ce genre nouveau, et qu'il a pour ainsi dire créé. T. l. 30, h. 29.

7. La réunion d'une famille de cultivateurs près de leur habitation. L'on voit en avant une femme âgée qui parle à un enfant qu'une jolie paysanne soutient sur une chèvre blanche ; un jeune garçon monté sur son âne regarde ce groupe en souriant ; près de là est un cultivateur occupé à brayer du chanvre ; on remarque encore divers animaux de basse-cour près

d'un gros arbre, et dans le fond de jolies fabriques qui indiquent l'entrée d'un village. Ce tableau est d'une éxécution aussi précieuse que celle que l'on admire dans les ouvrages des Mieris et des Gérard Douw, et il est à remarquer que ce mérite, loin de jeter de la froideur dans la composition, n'a fait qu'ajouter à l'expression et à l'esprit des personnages, ainsi qu'au piquant et à la vivacité de l'effet. B. l. 12, h. 10.

8. Un tableau qui sera un des plus remarquables parmi ceux de M. Demarne, et qui pourra pour ainsi dire faire époque dans l'histoire de son talent. C'est le premier où il se soit proposé de représenter une route : cette route, qui est celle de Bagneux, est bordée en partie par le mur d'un jardin, et se prolonge vers un pays de plaines et de montagnes. On distingue d'abord, comme objet principal, une jeune paysanne montée sur un cheval blanc et causant avec un villageois qui est debout près de son âne. Ces figures se détachent en partie sur un mur frappé par le soleil. Un homme, une femme et des enfans sont groupés près de la porte d'un jardin, dont on voit l'intérieur ; dans l'éloignement, on aperçoit une charrette et diverses figures. Nous regardons l'exécution de ce tableau comme parfaite. B. l. 12, h. 10.

9. Un charmant paysage d'un ton chaud et brillant ; on y voit, sous un hangar rustique construit près de grands arbres, une femme endor-

mie et un paysan qui va lui ôter sa quenouille ; des vaches, des ânes, une chèvre, un veau et plusieurs moutons et béliers qui semblent se reposer de la chaleur de midi, occupent tout le premier plan ; le fond offre une campagne d'un aspect riant, en partie coupée par des montagnes couvertes d'arbres ; elles se joignent à un ciel chaud et bien nuagé, dont l'harmonie concourt parfaitement à l'effet général de cet excellent tableau. T. l. 21, h. 18.

10. Cincinnatus, de retour des champs, va rentrer dans son habitation ; il revient avec empressement près de sa famille ; déjà il tient un de ses enfans dans ses bras ; sa femme s'avance et lui en présente un second. Cette scène se passe dans un paysage sur le second plan duquel on voit un troupeau de bestiaux à l'ombre d'un grand arbre, près d'un champ de blé. On voit autour de l'habitation des ruches, des instrumens aratoires et divers accessoires. On remarque aussi dans le fond un homme faisant courir son char. Un ciel d'un effet piquant éclaire ce précieux tableau, qui est traité dans le style historique et a été exposé avec succès au Louvre ; il fut toujours remarqué par les peintres d'histoire, qui en admiraient la finesse de l'exécution et la richesse des détails. B. l. 13 1/2, h. 11 1/2.

11. Le même sujet avec différens changemens, et fait plus récemment. T. l. 15, h. 10.

12. Une scène naïve prise dans la vie champêtre, et

qui se passe à l'extérieur d'une habitation pittoresque de cultivateurs. Toute la famille est réunie sur le perron : on y remarque le maître de la maison fumant sa pipe ; près de lui est une vieille occupée à filer, un jeune garçon faisant jouer son chien, une femme, et un enfant qui reçoit une pomme que lui présente une marchande. En avant, au bas de l'escalier, on voit un raccommodeur de souliers qui chante en travaillant, et de l'autre côté, une femme puisant de l'eau à une fontaine entourée d'arbres ; dans le fond est une grange près d'une porte rustique par laquelle va entrer une villageoise montée sur son âne. Plusieurs animaux de basse-cour et nombre d'accessoires ajoutent à l'intérêt que présente cette composition pleine de vérité et rendue avec le plus grand soin dans tous ses détails. Le soleil, qui l'éclaire d'une manière piquante, répand sur ce tableau un ton chaud et harmonieux. T. l. 20, h. 17.

13. Un tableau que l'on pourrait intituler la Mercuriale du maître d'école. Un vieillard, assis devant une table couverte d'un tapis vert, se dérange de son travail pour faire la morale à deux de ses élèves qui sont debout devant lui ; l'un d'eux semble se hâter de repasser sa leçon. Ce précieux tableau joint au rare mérite de la vérité dans les expressions l'exécution la plus précieuse et la couleur la plus vraie. Nous dirons encore de cette production, qu'elle pourrait soutenir la comparaison avec celles des Mieris,

des G. Dow et des peintres les plus fins de l'ancienne école hollandaise. B. h. 11, l. 9.

14. Un repas champêtre. Dans un paysage pittoresque, on voit plusieurs cultivateurs se reposant et prenant gaiement leur repas. Ce groupe, éclairé par le soleil, est environné de divers animaux, tels que des vaches, des chèvres, etc. Plus loin, on aperçoit deux chevaux attelés à une charrue; les fonds se terminent par de hautes montagnes; Ce tableau, où M. Demarne semble avoir voulu rivaliser avec les ouvrages d'Adrien Vadevelde, est des plus précieux qui soient sortis de son pinceau. T. l. 12, h. 9.

15. Les voleurs de cerises. Précieux tableau de la plus belle qualité : il représente une jeune marchande tenant son âne par la bride et entrant dans la boutique d'un savetier qui semble plaisanter avec elle, tandis que deux jeunes garçons lui dérobent des cerises; un chien placé près de là les regarde attentivement. Quelques accessoires touchés avec finesse enrichissent ce joli tableau, qui est du meilleur temps de M. Demarne, et dont la perfection était connue parmi les nombreux amateurs de ses productions. B. l. 9, h. 7.

16. Un très-beau paysage d'un aspect riant et champêtre, et d'une vaste étendue. On y remarque,

près d'un grand arbre, une charrette remplie de villageois : un voyageur monté sur un cheval blanc vient de renouer connaissance avec le plus âgé, auquel il donne la main, tandis qu'une femme, après avoir confié son enfant à un jeune garçon, se dispose à descendre. Près de ce groupe on voit des vaches, des moutons et une chèvre blanche; plus loin, on aperçoit une femme occupée à filer en gardant son troupeau; on distingue aussi une fontaine entourée de grands arbres, où se désaltère une vache, et où des paysans viennent puiser de l'eau. Les fonds offrent des rochers, des montagnes et des fabriques près d'une rivière qui se prolonge jusqu'à l'horizon. T. l. 23, h. 20.

17. Le repas à la ferme. Précieux tableau où l'on voit deux jeunes gens et deux jeunes dames assis à une table près d'une ferme, et prenant du lait que leur sert une paysanne, tandis qu'une autre est occupée à traire sa vache. On distingue encore un jeune villageois qui les regarde en souriant, et dans le fond, un domestique soignant des chevaux. Ce tableau est de la plus parfaite exécution, et autant remarquable par son effet piquant que par sa composition. B. l. 10, h. 8

18. Précieux tableau où l'on voit une fruitière sur sa porte, et tenant un enfant dans ses bras; elle semble conclure un marché avec un chaudronnier, qui, assis et la tête appuyée sur sa main, l'écoute avec attention; près de lui est son âne

chargé des divers objets qui indiquent son état. On remarque en avant des oies s'approchant de la femme, et qui semblent attendre leur nourriture. Ces animaux, ainsi que les nombreux détails qui enrichissent la composition, sont exécutés avec une perfection qui a toujours fait remarquer ce tableau et lui a valu un nom dans la curiosité. B. l. 19, h. 10.

19. Une route. On remarque en avant, près de la porte d'un parc entouré de murs surmontés de grands arbres, une charrette de villageois attelée d'un cheval blanc, et conduite par une jeune femme qui cause avec un chasseur ; à côté est l'habitation d'un savetier : il est près de sa porte avec d'autres personnages, et lit un papier. Au premier plan, à gauche, on voit un pâtre assis à l'ombre d'un arbre et gardant deux vaches ; plus loin, sur la route qui est bordée d'arbres, on aperçoit des postillons au galop et quelques maisons. Ce tableau est encore remarquable par la finesse de l'exécution et par la variété des détails. T. l. 20, h. 16.

20. A la porte d'une habitation rustique en partie ombragée par une treille, un fermier vient de prendre son repas avec un militaire qui plaisante avec une jeune femme que son chien semble vouloir défendre. Le fermier, près duquel sont groupés ses enfans, tient un pot d'étain, et se divertit en regardant des musiciens ambulans qui font sauter un de leurs chiens savans

dans un cerceau ; les seconds plans sont occupés par un groupe de figures dans la demi-teinte, ce qui donne à ce précieux tableau un effet des plus piquans. B. l. 12, h. 19.

21. Un pâturage. A droite, près d'un arbre, on remarque un paysan et deux jeunes villageoises assis sur l'herbe; des bœufs, des vaches, des chèvres, des ânes et autres animaux dispersés sur les différens plans et de la plus belle exécution, enrichissent la composition. On aperçoit dans les fonds un moulin près d'un canal que traverse un bateau, et qui va se joindre à la pleine mer. En avant on distingue un tronc d'arbre entouré de diverses plantes. Ce tableau est encore des plus parfaits de M. Demarne, et d'une exécution suave et pleine d'harmonie : il pourrait soutenir la comparaison avec les ouvrages d'Adrien Vandevelde. T. l. 22, h. 18.

22. Tableau très-fin représentant un paysage de style historique. On y voit près de grands arbres au second plan, une danse de jeunes femmes vêtues à l'antique, et en avant des baigneuses près d'un courant limpide. A gauche, derrière un arbre renversé, on aperçoit une vache et des chèvres. Les fonds offrent d'un côté des rochers élevés d'où sortent des cascades, de l'autre un bois touffu, et dans le lointain des plaines et des montagnes. Un ciel brillant éclaire ce précieux tableau, qui est exécuté avec le plus grand soin dans tous ses détails. T. l. 24, h. 17.

23. Herminie chez les bergers : elle est descendue de son coursier, et arrêtée devant les bergers qui travaillent assis à l'ombre d'un grand arbre, près de leur maison. Les fonds offrent des bois et des montagnes. Les devans sont enrichis de tous les détails convenables à un pareil sujet. Ce tableau est d'une finesse d'exécution remarquable. B. l. 11, h. 9.

24. Paysage à l'effet du soleil couchant et de l'exécution la plus suave. On y remarque un paysan et une jeune femme assis à l'ombre de grands arbres, et jouant à *pair ou non* ; près d'eux est leur troupeau de bestiaux ; et plus loin, sur une route, on voit un pâtre jouant de la flûte et conduisant des animaux parmi lesquels on remarque une vache noire qui se désaltère à une fontaine ; les fonds représentent des montagnes éclairées par le soleil couchant. La vapeur chaude et le piquant de l'effet qui règne dans ce tableau lui donnent l'aspect le plus séduisant. T. l. 22 ; h. 18.

25. La cour d'une ferme. On y remarque une jeune femme portant un seau qu'elle vient d'emplir à un puits, auprès duquel est une villageoise occupée à traire sa vache ; à droite, on voit un cultivateur près de la porte d'une étable, d'où sortent deux vaches ; on distingue une chèvre et trois moutons, et en avant, un jeune garçon parlant à un chien ; plus loin, un paysan monté sur son âne entre dans la cour ; ces différen-

groupes sont en partie éclairés par le soleil d'une manière piquante. La composition de ce tableau, qui est un des plus précieux de M. Demarne, est enrichie de divers détails. T. l. 17, h. 14.

26. Un très-joli tableau représentant un camp. On remarque, à gauche, un cavalier embrassant une jeune femme; vers le milieu est un groupe de militaires couchés à terre, jouant aux cartes, et entourés de divers spectateurs. Dans le fond, on aperçoit un soldat près d'un canon, des fortifications, des tentes et divers autres objets. Ces épisodes donnent de l'intérêt à ce tableau, dont l'aspect est séduisant à cause du pittoresque des costumes et de tous les détails qui animent cette scène militaire. B. l. 13, h. 10.

27. Un charmant paysage de la plus belle manière de M. Demarne. On y remarque, sur le premier plan, une jeune femme montée sur un âne chargé de paniers, et causant avec une paysanne; près d'elle sont des chèvres, un veau et une belle vache noire qui traverse un gué; vers l'autre bord, on aperçoit un jeune pâtre conduisant des bestiaux; un monument gothique ombragé par des arbres, un château situé près d'une rivière, ajoutent au pittoresque de ce site, qui est éclairé par le soleil pendant un beau temps. T. l. 20, h. 17.

28. Une route bordée de grands arbres. D'un côté,

près de cette route, on voit une charrette attelée d'un cheval et d'un âne conduits par des villageois; ils sortent d'une ferme et passent sur le pont d'un canal; vers le côté opposé, on distingue encore une autre ferme, diverses figures et un voyageur à cheval; sur le milieu de la route cheminent une laitière sur son âne, et des paysannes conduisant divers animaux. La perspective, la dégradation des lignes, l'intelligence que l'on remarque dans les divers groupes qui animent le site, produisent l'illusion la plus complète. T. l. 22, h. 18.

29. *Robinson* dans son île. Il tire un coup de fusil sur un oiseau, tandis que son esclave *Vendredi*, effrayé par le bruit de l'arme, est tombé à genoux devant lui. L'aspect agreste et sauvage du paysage, composé d'arbres variés et de plantes étrangères, donne parfaitement l'idée de l'île, telle qu'elle est décrite. Sur le devant, on remarque une cascade; et, dans le fond, une échappée qui laisse voir la mer. Ce tableau intéressant est très-soigné dans tous ses détails, et du meilleur temps de M. Demarne. B. l. 16, h. 12.

30. Un charmant paysage de l'aspect le plus riant, et exécuté avec finesse dans tous ses détails. On y voit, à gauche, un moulin à eau construit près d'une rivière bordée d'arbres; sur le devant, on remarque des bûcherons occupés à couper les branches d'un gros arbre renversé; plus loin, sont des blanchisseuses étendant du linge;

à droite, on distingue un pont sur la rivière, qui circule dans des plaines ornées de fabriques; plusieurs autres figures et animaux, distribués sur les différens plans avec intelligence, animent encore ce site. T. l. 18, h. 12.

31. Sara présentant Agar à Abraham. Ce sujet, que l'artiste s'est appliqué à enrichir de nombreux détails, est représenté dans l'intérieur de l'habitation de ce patriarche. On retrouve dans cette composition, quoiqu'elle soit d'un genre étranger à celles de M. Demarne, un mérite particulier et la finesse d'exécution qui lui est ordinaire. B. l. 9 1/2, h. 7 1/2.

52. Une route tournante bordée de grands arbres. D'un côté, on voit la boutique d'un maréchal ferrant, près de laquelle sont plusieurs figures, des chevaux et d'autres animaux; plus loin, on aperçoit une propriété entourée d'un mur; en avant, on voit une charrette de villageois attelée de deux chevaux. Des oies, qui se dirigent vers une mare d'eau, plusieurs figures, parmi lesquelles on distingue un repasseur de ciseaux travaillant au pied de grands arbres, et d'autres détails, animent cette composition; elle est exécutée avec le plus grand soin. B. l. 16, h. 13.

53. Tableau d'une exécution fine et précise, représentant un paysage agreste. On y voit un moulin pittoresque alimenté par des eaux qui viennent par des conduits en bois, et tombent dans

une petite rivière; en avant, sur un terrain enrichi de plantes, on remarque une jeune femme causant avec un pêcheur, et, près de là, un homme dans un bateau ; on distingue aussi deux vaches couchées sur l'herbe. Les fonds offrent des collines et de hautes montagnes. T. l. 22, h. 18.

34. Au milieu d'un paysage champêtre, et près de la porte d'une habitation de villageois, une jeune femme tient un enfant monté sur une chèvre; près de là, sont un cultivateur occupé à brayer du chanvre, et une vieille femme; de l'autre côté, on voit une paysanne qui trait une vache; on distingue aussi un âne, un chien et divers animaux. Les détails qui animent cette composition sont exécutés avec le plus grand soin jusque dans les fonds, où l'on aperçoit la pleine mer. T. l. 15, h. 12.

35. Un paysage sur le devant duquel on remarque, au bord d'une route, un voyageur se reposant à l'ombre d'un grand arbre et prenant son repas; près de lui sont un âne et un chien. Ce groupe, placé dans la demi-teinte, fait valoir la lumière qui frappe le second plan, où l'on aperçoit une jeune femme à genoux près d'une chapelle gothique; à droite, sont des arbres touffus qui laissent voir une échappée de montagnes, et, sur le devant, de larges plantes. Ce tableau, d'un effet piquant et harmonieux, est sans contredit de la belle manière de M. Demarne. T. l. 22, h. 18.

56. Un tableau capital, représentant une bataille entre les Français et les Autrichiens. Sur le devant, on remarque, près d'un cheval renversé, un porte-enseigne français près d'expirer sur son drapeau; il le tient encore embrassé; des dragons arrivent au grand galop pour le défendre; ils sont suivis par des fantassins qui chargent à la baïonnette. Plusieurs épisodes variés, rendus avec vérité et analogues au sujet, donnent à ce tableau l'aspect d'une pareille scène. Il est intéressant par la vérité des expressions et du mouvement autant que par son exécution. B. l. 25, h. 18.

37. La solitude. Charmant paysage de la plus belle manière de M. Demarne. Il représente l'intérieur d'une forêt. On y voit une jeune femme assise au pied et à l'ombre d'un grand arbre et sur un tertre dont le devant est éclairé par le soleil, où est portée toute la lumière du tableau. On n'aperçoit dans les fonds que deux cerfs qui semblent jouir du calme qui règne dans cette forêt. De larges plantes et des rochers groupés près d'un ruisseau complètent la composition de ce tableau, où l'on admire la finesse de l'exécution et la précision avec laquelle sont rendus jusqu'aux moindres détails. B. l. 9 1/2, h. 7.

38. Le coup de vent. Dans un paysage agreste, où tout annonce l'approche d'un orage, on voit un chariot chargé de villageois et attelé de bœufs qui vont se désaltérer dans un ruisseau; à côté de ce

groupe, et près d'un pavillon gothique, on distingue deux femmes conduisant un troupeau, et qui tâchent de résister au vent qui les pousse. Les fonds sont occupés en partie par une rivière qui serpente au milieu des montagnes. Le ciel, chargé de nuages, est parfaitement d'accord avec la composition de ce tableau, dont l'effet est piquant, et qui est exécuté avec esprit dans tous ses détails. B. l. 10, h. 8.

59. Le retour des voyageurs. Sur un port de mer représenté à l'effet du soleil couchant, on remarque principalement, parmi plusieurs groupes, un marin qui vient de débarquer et qui embrasse sa femme et ses enfans; plus loin, sont des hommes et des femmes allant au-devant de plusieurs passagers qui sortent d'une chaloupe; à gauche, on voit des employés inscrivant les marchandises que l'on pèse à la douane. Des groupes de marins et d'esclaves indiens animent les premiers plans; les fonds sont occupés par des forteresses qui défendent le port, et des bâtimens qui couvrent la pleine mer. Ce tableau, d'une composition neuve et remplie d'épisodes variés, est exécuté avec le plus grand soin dans ses nombreux détails. T. l. 17, h. 14.

40. L'intérieur de la cour d'une hôtellerie où l'on entre par une arcade. Une voiture publique est arrêtée à la porte et des pauvres accourent pour demander l'aumône aux voyageurs qui en des-

... cendent. En avant et d'un côté, on voit un homme à cheval causant avec une femme qui est à une croisée, et de l'autre, une fille d'auberge occupée à tirer de l'eau d'un puits; plusieurs vaches, chèvres et moutons complètent la composition de ce joli tableau. B. l. 8 1/2, h. 7 1/2.

41. Tableau d'un pinceau soigné, représentant un paysage agreste dans lequel on remarque un religieux assis au bord de l'eau et occupé à lire; deux femmes sont près de lui et semblent craindre de le distraire de ses méditations. Le paysage offre, d'un côté, une cascade et des arbres renversés, et de l'autre, un lac ombragé par de grands arbres et des rochers élevés. Dans le fond, on aperçoit la porte d'un monastère d'architecture gothique. T. l. 15, h. 12.

42. Un paysage pittoresque et qui pourrait par son exécution soutenir la comparaison avec les ouvrages de Ruysdaël. Près d'un monticule, et sur un chemin raboteux qui borde une cascade, on remarque une dame à cheval et un cavalier se livrant au plaisir de la chasse; plus loin, on aperçoit d'un côté leur piqueur et ses chiens, et de l'autre un pâtre gardant son troupeau. Divers groupes d'arbres, des broussailles et des plantes sont exécutés de la manière la plus précieuse; un fond de montagnes termine ce tableau, qui est parfait dans son genre. T. l. 14, h. 12.

43. L'intérieur d'une étable pratiquée dans une vaste salle d'architecture gothique. On y voit un paysan appuyé sur une colonne et causant avec une villageoise qui trait une de ses vaches; dans le fond, on aperçoit une femme portant un paquet sur sa tête. Des poules, une chèvre, divers animaux de basse-cour et plusieurs accessoires, animent cette composition; elle est éclairée par une croisée, ce qui produit un effet de lumière vif et piquant. T. l. 12, h. 9.

44. Un paysage de la belle manière de M. Demarne. Il représente une ferme entourée d'arbres, près de laquelle un jockei, monté sur un cheval blanc, est arrêté et cause avec des villageois; en avant, on remarque une plantation de blés en partie éclairée par le soleil, et plus loin, une femme conduisant un troupeau qui sort de l'étable; sur le premier plan, une villageoise emplit un seau à une mare, et où des oies vont se baigner. Dans les fonds, on distingue diverses ruines et une rivière. La composition de ce tableau est variée et offre nombre de détails intéressans. T. l. 15, h. 12.

45. L'intérieur de la cour d'une ferme. On remarque en avant, sous une vaste arcade, une fermière entourée de chèvres et de moutons, et donnant à manger à ses poules; près de ce groupe est une femme occupée à traire une de ses vaches; à gauche, un paysan monte à un grenier à foin au moyen d'une échelle; on aperçoit en-

core dans l'éloignement une fille de basse-cour tirant de l'eau à un puits placé près d'une porte qui laisse voir un fond de montagnes. T. l. 14, h. 10.

46. Un port de mer où l'on voit une grande quantité de marchands, de marins et de personnages divers. Le groupe principal est composé de marchands asiatiques et européens examinant et inscrivant divers objets de commerce; près de là, on remarque une femme à cheval et une autre qui achète du poisson. Le peintre a placé plus loin l'épisode intéressant de voyageurs qui embrassent leurs amis; dans le fond, on voit la pleine mer, et, plus en avant, des fortifications, une fontaine monumentale et les divers autres objets qui animent un port de mer. Ce tableau ne peut manquer de plaire et d'intéresser, il est riche et varié de composition, et l'exécution en est très-soignée. T. l. 24, h. 18.

47. Un pâturage. A gauche, à l'ombre d'un bouquet d'arbres élevés, une jeune paysanne prend une leçon de flageolet, que lui donne un jeune pâtre; près d'eux sont une vache, quelques chèvres, des moutons et d'autres animaux, éclairés d'une manière piquante par le soleil couchant; plusieurs de ces animaux se détachent sur un fond de montagnes d'une dégradation parfaite. Des arbres variés, des plantes, et tous les détails susceptibles d'orner un

paysage, complètent cette charmante composition, qui offre tout l'agrément du genre pastoral. T. l. 14, h. 12.

48. Le champ de blé. Joli paysage où l'œil est d'abord attiré par un champ de blé en partie frappé des rayons du soleil; on voit aussi une ferme entourée de grands arbres, près de laquelle est un homme monté sur un cheval; en avant, une femme et un paysan conduisant des bestiaux; à gauche, on remarque une cascade tombant dans une rivière ombragée par un fourré d'arbres. Ce tableau, d'un aspect riant et d'une touche très-fine, est brodé dans ses plus petits détails. T. l. 18, h. 12.

49. Un moulin à eau. Il est construit près d'une tour entourée d'arbres, et alimenté par des eaux qui tombent dans une petite rivière où un villageois fait désaltérer des bœufs attelés à un chariot; vers la droite, on remarque des blanchisseuses; les fonds se terminent d'un côté par de hautes montagnes, et de l'autre par une échappée de paysage. Des figures et divers animaux, dispersés sur les différens plans, contribuent à la richesse de la composition. T. l. 14, h. 11.

50. Un charmant paysage. On y voit, en avant, une jeune femme montée sur un âne et conduisant des bestiaux qui vont passer un gué; d'un côté, on remarque une femme à genoux devant une chapelle gothique au bord d'un chemin montant au milieu d'arbres et de haies; plus loin, est

un voyageur à cheval et faisant route près de la rivière, qui se prolonge jusque dans les fonds. T. l. 12, h. 9.

51. Un site sauvage, qui semble pris sur la nature. On voit en avant, sur un monticule entouré d'eau et de broussailles, une paysanne causant avec un villageois, et derrière, une ferme entourée d'arbres. Les fonds se terminent par de hautes montagnes, et les devans sont ornés de de joncs et de diverses autres plantes. L. 12, h. 9. (*Papier collé sur bois.*)

52. Une route bordée de grands arbres, et qui se prolonge dans l'éloignement. En avant, à gauche, on remarque une charrette attelée d'un cheval, et conduite par un villageois auquel une paysanne confie son enfant. Près de la porte d'une ferme, est une femme occupée à filer. On remarque aussi un homme traversant la route et menant une brouette. Les différens détails qui animent ce joli tableau ajoutent à l'illusion produite par l'observation de la perspective. B. l. 13, h. 8.

53. Paysage dans lequel on voit des pâtres conduisant un nombreux troupeau de vaches, d'ânes, de chèvres et de moutons. Une jeune femme s'est blessée au talon, et un villageois se met à genoux pour soigner s.. pied; un pâtre, monté sur un cheval blanc, semble prendre intérêt à ce qui se passe devant lui. D.s arbres élevés et un joli lointain terminent ce tableau agréable par

sa composition et par la finesse de la couleur et de l'exécution. T. l. 12, h. 9.

54. Un précieux échantillon représentant un paysage agreste. On y voit, à droite, une cascade tombant de rochers élevés et entourés de grands arbres. Près de là est une bergère gardant un troupeau. Dans le fond, on aperçoit la pleine mer. B. h. 5 1/2, l. 4 1/2.

55. Tableau d'un aspect agréable. Sur le devant, à droite, est une charrette conduite par des villageois qui s'entretiennent avec un voyageur à cheval. A gauche, des pâtres mènent un troupeau de bestiaux passant un gué; il est traversé plus loin par un pont près duquel est un monument gothique éclairé par le soleil. Les fonds sont terminés par des plaines et des montagnes. T. l. 14, h. 12.

56. La cour d'une ferme. On y voit un laboureur partant pour aller aux champs; il embrasse un de ses enfans; sa femme est près de lui; à côté de ce groupe, et près d'une porte, est la charrue attelée de deux chevaux, dont l'un est monté par un jeune villageois. On remarque aussi, près d'un grand arbre, une paysanne occupée à traire une de ses vaches. Des chèvres et quelques moutons sortent de la bergerie, et sont conduits par un jeune pâtre. Divers accessoires analogues au sujet complètent la composition, qui est pleine de vérité et offre les détails de la vie champêtre. T. l. 20, h. 17.

57. Un port de mer. Sur le devant, on remarque des marchands arméniens et européens inscrivant et examinant leurs marchandises. Près d'eux est une dame assise et tenant un perroquet sur le poing. On remarque aussi en avant deux marins causant ensemble; dans l'éloignement on aperçoit divers groupes de figures, et un fort qui domine la pleine mer couverte de bâtimens et éclairée par le soleil couchant. T. l. 17, h. 14.

58. Une danse de villageois dans un paysage; des cultivateurs et leurs femmes se reposent, tandis que de jeunes villageois dansent au son d'un flageolet dont joue un jeune pâtre. Près de là est une femme qui trait une vache. En avant, on voit une cascade, des arbres et des plantes diverses; des chèvres dispersées sur les différens plans animent ce joli tableau, dont les fonds se terminent par de hautes montagnes. T. l. 17, h. 12.

59. Une plage. En avant, on remarque des pêcheurs près de leur bateau et occupés à jouer aux cartes. Près d'eux on voit une femme et quelques animaux, et plus loin un homme qui va faire baigner ses chevaux. Les fonds offrent d'un côté la pleine mer, et de l'autre des côtes et des fabriques. Cette composition est éclairée par un ciel léger et brillant. T. l. 12, h. 9.

60. Un intérieur dans lequel on voit une réunion

de personnages dans le costume du siècle de Louis XIII. Plusieurs militaires sont groupés près d'une vaste cheminée, tandis qu'un jeune homme, assis sur une table couverte d'un riche tapis, chante avec une dame vêtue d'un costume élégant, et s'accompagne en pinçant de la guitare; on remarque encore un jeune page. Divers détails touchés avec esprit enrichissent cette gracieuse composition. B. l. 16, h. 12.

61. Une vue prise sur la route de Château-Renard. On remarque, au second plan, une ferme près de laquelle sont des paysans parlant à des gens qui conduisent une charrette et des chevaux; à droite, on voit une grange où des hommes battent le bled. Sur le devant, on remarque une femme montée sur un cheval, diverses figures et animaux. Les fonds se terminent par des plaines et des montagnes. T. l. 21, h. 17.

62. Vue du même site, où se trouvent quelques-uns des épisodes du précédent tableau. T. l. 9, h. 7.

63. Paysage d'un aspect agréable et d'un ton chaud. On y voit, à gauche et sur le premier plan, un pont traversant une petite rivière et conduisant à un moulin à eau construit près d'une tour. Le milieu offre une route bordée d'arbres, sur laquelle on voit des pâtres conduisant un troupeau de chèvres et de moutons. A droite, dans une prairie, on aperçoit des vaches au pâturage. Plusieurs arbres et plantes distribués dans toute

l'étendue du tableau enrichissent la composition. T. l. 12, h. 9.

64. Un charmant paysage où sont dispersés nombre de figures et d'animaux. On y remarque d'abord à droite, en avant, un paysan causant avec une femme, et près d'eux un âne, quelques chèvres et des moutons; vers la gauche, des vaches et un veau sont au pâturage; plus loin, on aperçoit un villageois sur son âne et emmenant une vache. Les restes d'un monument gothique ajoutent au pittoresque de ce site, dont le point de vue est terminé par de hautes montagnes qui se détachent sur un ciel bien nuagé. T. l. 14, h. 11.

65. L'abreuvoir. Dans un paysage agréable, on voit vers la gauche une fontaine près de grands arbres, et qui alimente un abreuvoir, où deux femmes puisent de l'eau tandis qu'un paysan s'y désaltère; une vache, un taureau, des ânes, des moutons et des chèvres, complètent la composition. Les fonds sont enrichis de figures, et se terminent par des montagnes. T. l. 14, h. 12.

66. Joli échantillon représentant un paysage orné de figures. On y remarque un jeune pâtre causant avec une paysanne à côté d'un arbre; un homme est endormi près d'eux; un chien, une vache et quelques autres animaux, animent encore ce paysage champêtre, dont les fonds sont terminés par de hautes montagnes. C. l. 7, h. 6.

67. Riche composition offrant une foire de village. Sur les devans, on voit des marchands; plus loin, des groupes variés parmi lesquels on distingue un lancier à cheval; on remarque aussi différens animaux. Les fonds se terminent par quelques fabriques. T. l. 12, h. 9.

68. La cour d'une ferme. On y voit, à droite, un militaire à cheval causant avec une paysanne, qui est sur les marches d'un perron conduisant à la porte d'une habitation pratiquée dans un monument gothique. Plus loin, on remarque une charrette attelée d'un cheval et d'un âne, conduite par un villageois; elle entre dans une porte charretière, qui laisse voir un fond de montagnes et est précédée de deux vaches qui rentrent à l'étable. Toute la composition offre des détails variés et rendus avec esprit. B. l. 12, h. 9.

69. L'intérieur d'une habitation de paysans russes. On y remarque des femmes et un enfant, et près de ce groupe sont deux hommes assis à une table; l'un boit et l'autre chante en s'accompagnant d'une mandoline. Ce tableau offre divers détails intéressans. T. h. 9, l. 12.

70. Des voyageurs russes se reposant. Un homme et un jeune femme sont assis au pied d'un arbre, tandis qu'une paysanne leur apporte du lait. Près de là sont deux Russes, dont l'un tient sa pipe; plus loin, on aperçoit une voiture attelée

de chevaux, et arrêtée près d'une cabane construite en bois. Ce tableau, de même que le précédent, est curieux par les costumes et nombre de détails. T. l. 12, h. 9.

71. Dans la rue d'un village, une jeune femme défend son mouton qu'un boucher, le couteau à la main, semble vouloir lui ravir; un jeune garçon veut aussi le retenir. A droite, on voit l'étal du boucher, et dans le fond l'église du village entourée d'arbres. B. diam. 7 1/2. *Forme ronde.*

72. Un paysage. On y voit, en avant, une jeune femme gardant un troupeau de moutons et assise sur le bord d'un chemin près d'un buisson; elle est occupée à filer. Plus loin, derrière de grands arbres, près desquels un ruisseau tombe en cascade, on remarque un paysan monté sur un âne; à gauche, circule une rivière qui se perd dans des fonds terminés par des plaines et des montagnes. T. l. 12, h. 9.

73. La suite d'une tempête; le ciel et l'eau sont encore agités; il ne reste plus sur la mer qu'un esquif à moitié submergé; une seule main qui tient encore le signal de détresse indique qu'un malheureux espère encore se sauver. Ce tableau, d'une composition neuve, présente de l'intérêt par le seul épisode qui s'y trouve. T. l. 15, h. 12.

74. La bénédiction nuptiale. On voit en avant les

mariés à genoux sur des chaises, à gauche quelques membres de la famille, à droite le suisse, et plus loin le prêtre qui officie près de l'autel et se tourne vers les spectateurs. Cette composition est rendue avec beaucoup de vérité. B. l. 11, h. 10.

75. Un joli échantillon, représentant, sur le devant d'un paysage, une femme montée sur un âne et causant avec un homme. Au second plan, on remarque des blanchisseuses près d'une rivière qui se perd dans les fonds. De l'autre côté, on voit quelques figures et des fabriques à l'italienne entourées d'arbres. B. l. 7. 6., h. 5. 9.

76. Un sujet de la vie de Henri IV. C'est le moment où le principal fonctionnaire d'une petite ville, haranguant le roi, est interrompu par un âne qui se met à braire. T. l. 12, h. 9.

77. Echantillon représentant dans un paysage une jeune femme assise au bord d'une rivière. Plus loin on voit un monument en ruines. B. l. 7 1/2, h. 4 1/2.

78. Un tableau non terminé. On y voit, en avant, une jeune villageoise conduisant des vaches et autres bestiaux. Elle cause avec une paysanne qui tient un enfant et est assise près de sa maison. Ce tableau est des derniers temps de M. Demarne. T. l. 12, h. 9.

79. Une jeune femme gardant des bestiaux; elle

donne à manger à son chien. On remarque une vache noire, un veau et d'autres animaux près d'un grand orbre. Tableau aussi des derniers temps de l'auteur. T. l. 12, h. 9.

80. Une grande route bordée d'arbres. On voit une charrette conduite par des paysans et plusieurs animaux, dont une vache noire se désaltérant à une fontaine; plus loin on aperçoit une chaise de poste.

Ce tableau est le dernier que M. Demarne était occupé à terminer. T. l. 15, h. 12.

81. L'intérieur d'une bergerie. On voit à la porte une jeune femme éclairée d'une manière piquante. Ce tableau, aussi de la dernière manière de l'auteur, est enrichi de divers détails. T. l. 15, h. 12.

ÉTUDES PEINTES.

82. Une jolie étude, représentant les bâtimens d'une ferme, au milieu d'un paysage boisé et entouré de haies et de broussailles. L. 17, h. 13 (*Papier tendu sur toile*).

83. Une étude de chênes terminées. Le peintre l'a placée dans une prairie ornée de bestiaux au pâturage. (*Papier collé sur toile.*) H. 16, l. 12.

84. Une très-belle étude de chêne et autres arbres près de la lisière d'un bois. T. l. 12, h. 15.

85. Une charmante étude terminée, représentant un paysage montagneux. En avant, sur un chemin entouré d'arbres, on voit une femme occupée à filer et gardant une vache et une chèvre. T. l. 16 1/2, h. 8 (*Papier tendu sur toile*).

86. Une étude représentant une chaumière située en avant d'un bois (*Papier tendu sur toile.*) L. 16, h. 12.

87. Une étude de chûte d'eau. Dans le fond on voit des collines couvertes d'arbres. (*Papier tendu sur toile.*) L. 17, h. 12.

88. Etude représentant une cascade tombant d'un rocher élevé, entourée d'arbres et de broussailles. (*Papier collé sur toile.*) H. 19, l. 13.

89. Une belle étude de bœuf noir et blanc, dans une prairie où l'on voit encore quelques animaux. (*Papier tendu sur toile.*) L. 16, h. 12.

90. Quatre études ; deux sur toile représentent, l'une un bœuf noir et blanc, l'autre un bœuf rouge et blanc, et deux autres sur bois représentent des têtes de bœufs et d'ânes.

91. Une jolie étude représentant un moulin à eau. (*Papier tendu sur toile.*) L. 13, h. 10.

92. Etude de plantes, terrains, rochers et cascades. (*Papier collé sur toile.*) L. 16, h. 10.

93. Une étude de terrains et fond de montagnes.

(*Papier tendu sur toile*). L. 16; h. 13.

94. Deux études de troncs d'arbres.

95. Une esquisse de paysage dans le style historique.

96. Une précieuse étude terminée, représentant un jeune garçon assis et la tête appuyée sur sa main gauche. T. h. 9, l. 6.

97. Etude d'un jeune garçon vu en buste. B. h. 8, l. 7.

98. Une étude terminée, représentant un homme âgé et dans le costume d'un paysan. B. h. 6 1/2, l. 5 1/2.

99. Deux panneaux sur lesquels sont plusieurs études de bestiaux, de poissons, d'oiseaux, et de divers ustensiles et instrumens.

100. Esquisse d'un sujet de Robinson, un autre sujet d'histoire sur panneau, et une bataille esquisse peinte sur bois.

101. Trois panneaux, études diverses d'animaux.

102. Quatre petits panneaux, études diverses d'animaux.

103. Une ébauche représentant Napoléon à Berlin brûlant la lettre du prince Hatzfeld. Cette esquisse est en partie détruite par l'artiste, qui avait commencé un autre sujet sur la même toile.

104. Un tableau de l'ancienne école hollandaise, dont la figure est en partie refaite par M. Demarne. Il représente une jeune femme près d'une table couverte de bijoux ; elle est occupée à peser de l'or. Ce tableau est très-fin d'exécution, et la figure peinte par M. Demarne est aussi très-soignée. B. l. 19, h. 17.

105. Quelques études et esquisses d'arbres, paysages et détails, seront divisés sous ce numéro.

ÉTUDES PEINTES EN FEUILLES,

PEINTURES SUR PORCELAINE et FIXÉES SOUS VERRE.

106. Cinq études peintes sur toile ou sur papier : bouquets d'arbres et détails divers ornés d'animaux.

107. Sept études, paysages, fabriques, cascades, etc., *peintes sur papier.*

108. Cinq études *peintes sur papier :* cascades, troncs d'arbres et détails divers.

109. Six études peintes : la lisière d'un bois, des chaumières, des troncs d'arbres, etc.

110. Sept études peintes : montagnes, chute d'eau, bouquets d'arbres, fabriques, etc.

111. Dix-sept études peintes : rochers, cascades, troncs d'arbres, etc.

112. Vingt-six études de rochers, d'arbres, de fabriques en ruines et de montagnes.

113. Neuf études peintes : instrumens aratoires et détails divers.

114. Deux études de figures peintes sur papier.

115. Cinquante études d'animaux légèrement peints, la plupart sur papier.

116. Vingt-une études d'animaux du même genre.

117. Dix-sept feuilles d'études d'animaux, tels que des ânes, taureaux, chèvres, etc.

118. Quinze feuilles d'études d'animaux, tels que vaches, chèvres, moutons, taureaux, etc.

119. Un joli fixé représentant des personnages costumés à l'antique, réunis et assis près d'une habitation et à l'ombre d'une treille ; ils écoutent un vieillard qui joue de la lyre. L. 4 1/2, h. 3 1/2.

120. Trois autres fixés dont l'un représente Turenne endormi sur l'affût d'un canon.

121. Une peinture sur porcelaine, représentant des pâtres gardant leur troupeau à l'ombre d'un gros arbre.

122. Les diverses ébauches, esquisses et études peintes, qui auraient pu être omises au catalogue, seront divisées sous ce numéro.

DESSINS

TERMINÉS, ENCADRÉS ET EN FEUILLES,

ÉTUDES ET CROQUIS.

123. Un très-beau dessin terminé au lavis, représentant un paysage où l'on voit des villageois faisant désaltérer leurs bestiaux à une fontaine.

124. Un très-beau dessin au lavis, rehaussé de blanc, représentant un vaste paysage orné de figures costumées dans le style antique, et dont plusieurs forment une danse, tandis que d'autres écoutent une leçon de musique.

125. Un beau dessin terminé au lavis. On y remarque des pâtres assis au pied d'un arbre, et gardant leurs troupeaux.

126. Un beau dessin au lavis rehaussé de blanc: paysage où l'on voit le sujet de Daphnis et Chloé.

127. Le départ pour la chasse. Figures groupées près d'une habitation rustique, et costumées dans le style antique. Dessin terminé à l'encre de Chine.

128. Deux beaux dessins terminés au lavis : le pâturage et le passage du gué. L'un est rehaussé de blanc.

129. Deux beaux dessins terminés au lavis et rehaussés de blanc : paysages avec figures et animaux.

130. Deux dessins riches de composition, représentant des paysages avec figures et animaux, au crayon noir.

131. Trois grands dessins au crayon : paysages ornés de figures et animaux.

132. Trois beaux dessins terminés au lavis et rehaussés de blanc : le pâturage, un coup de vent et un paysage orné de figures.

133. Trois dessins au lavis : paysages avec figures et animaux, dont un sur papier bleu.

134. Trois grands dessins au lavis : études de paysages; dans l'un, on voit une cascade. Un des trois n'est pas terminé.

135. Trois dessins terminés au lavis : paysages avec figures, dont le sujet de Narcisse.

136. Trois dessins terminés : paysages au lavis ornés de figures; l'un est sur papier bleu rehaussé de blanc.

137. Trois grands dessins, paysages, au crayon noir et ornés de figures.

138. Trois dessins terminés au crayon noir, dont

un de forme ronde : ils représentent des paysages avec figures et animaux ; dans l'un, on remarque un paysan et une villageoise conduisant leurs vaches.

139. Trois dessins, études de paysages, au crayon noir.

140. Trois feuilles d'études terminées au lavis et rehaussées de blanc, dont une d'animaux.

141. Trois dessins au lavis : un pâturage, un sujet de l'antiquité et un paysage avec une figure de femme au pied d'un arbre.

142. Quatre dessins, paysages, au crayon noir et au lavis.

143. Cinq dessins, études de paysages, au crayon noir.

144. Six dessins terminés : paysages avec figures et animaux, au lavis et au crayon, dont un sur papier bleu représentant l'intérieur d'une forêt, et un autre représentant une route frappée par le soleil.

145. Sept dessins, études de paysages, dont trois à la plume.

146. Huit dessins, compositions, paysages ornés de figures et animaux, dont un aux crayons noir et blanc sur papier de couleur.

147. Huit dessins, paysages, dont deux à la plume.

148. Dix dessins, paysages, au crayon noir.

149. Huit dessins au crayon et au lavis : études d'arbres terminées.

150. Trois croquis arrêtés : compositions, figures et animaux.

151. Six croquis presque terminés: compositions, sujets, dont un de l'histoire de Robinson.

152. Cinq autres du même genre : compositions, dont une dans le style antique ; figures et animaux.

153. Quatre croquis arrêtés : compositions, figures et animaux.

154. Six croquis presque terminés: compositions, figures et animaux. Un représente une bataille ; un autre, un sujet dans le style antique.

155. Six croquis aussi presque arrêtés : compositions, sujets, figures et animaux. Deux de ces croquis sont dans le style antique.

156. Huit croquis: compositions, paysages, figures et animaux. Un de ces croquis représente Robinson dans son île, et un autre un paysage historique avec figures.

157. Sept croquis, compositions et paysages, la plupart dans le style historique.

158. Dix feuilles de croquis, dont un au lavis pres-

que terminé, représentant des villageois faisant abreuver leurs troupeaux.

159. Neuf croquis presque terminés : sujet de Robinson, paysages la plupart au bistre et à l'encre de Chine.

160. Dix-sept croquis au crayon, à la plume et au lavis : études et groupes d'animaux divers, tels que taureaux, vaches, chèvres, moutons, chevaux, etc.

161. Trente feuilles de croquis du même genre.

162. Dix-huit autres aussi du même genre.

163. Douze autres.

164. Dix-neuf autres, dont quelques-uns arrêtés.

165. Vingt-six autres.

166. Vingt-deux autres.

167. Vingt-quatre autres.

168. Vingt-six autres, la plupart chèvres et moutons.

169. Vingt-trois autres.

170. Trente autres.

171. Trente-deux autres.

172. Trente-quatre autres.

173. Vingt-cinq autres, dont quelques-unes arrêtés au lavis.

174. Vingt autres.

175. Trente-deux du même genre, dont quelques-unes au lavis.

176. Quarante-deux croquis au crayon, à la plume, un au lavis, la plupart sujets et compositions, paysages et études diverses.

177. Quarante-huit autres du même genre.

178. Cinquante autres.

179. Cinquante-cinq autres.

180. Cinquante-et-un autres.

181. Cinquante du même genre.

182. Cinquante-cinq autres.

183. Cinquante autres.

184. Cinquante-cinq autres.

185. Quarante autres.

186. Quarante-deux autres.

187. Trente autres.

188. Quarante autres.

189. Quarante-six autres.

190. Quarante autres.

191. Quarante-cinq autres.
192. Quarante autres.
193. Quarante-six autres.
194. Quarante-huit autres.
195. Quarante-cinq autres.
196. Quarante-sept autres.
197. Quarante-cinq autres.
198. Quarante-quatre autres.
199. Quarante autres.
200. Quarante-cinq autres.
201. Quarante autres.
202. Cinquante-trois autres.
203. Environ vingt livres de croquis de M. Demarne, contenant des compositions et des études diverses.

PLANCHES GRAVÉES, EAUX-FORTES ET LITHOGRAPHIES

DE M. DEMARNE.

204. Une suite intéressante de 58 planches gravées à l'eau-forte, représentant des sujets, paysages et animaux, par M. Demarne. On a fait tirer deux épreuves de chaque planche, pour mettre les acquéreurs à même de juger de leur état actuel.

205. Environ 516 feuilles d'épreuves d'eaux-fortes, des planches ci-dessus indiquées.

206. Les 77 eaux-fortes tirées dernièrement pour faire connaître l'état actuel des planches.

207. Quarante lithographies par M. Demarne: compositions, sujets, figures et animaux.

208. Les dessins et les lithographies de M. Demarne, omis au catalogue, seront divisés sous ce numéro.

DEUXIÈME PARTIE.

TABLEAUX, ÉTUDES ET DESSINS
DE DIVERS AUTEURS,
EAUX-FORTES, ESTAMPES,
LITHOGRAPHIES ET RECUEILS
COMPOSANT LE CABINET DE M. DEMARNE;

MANNEQUINS, QUELQUES PARTIES D'ARMURES, BOÎTES A COULEURS, PALETTES, USTENSILES DIVERS DE PEINTURE, etc., etc., etc.

M. Devousge.

209. Le portrait de M. Demarne, de grandeur naturelle; il est vu en buste, de trois quarts, et regarde le spectateur. Il a la main posée sur un porte-feuille. T. h. 28, l. 24.

Bega (Corneille).

210. Un tableau de la belle qualité du maître et

d'une conservation parfaite. Il représente, dans un intérieur, une vieille femme quittant son rouet pour parler à une jeune fille qui est assise près d'elle et tient d'une main une fiole et de l'autre un pot à bière. Plusieurs accessoires rendus avec finesse complètent la composition. (*Marouflé*). H. 12 1/2, l. 11 1/2.

ÉCOLE FLAMANDE.

211. Un clair de lune. Marine d'un effet piquant ; elle est ornée sur le devant de figures de pêcheurs, en partie refaites par M. Demarne ; ces pêcheurs se réchauffent près d'un feu qui fait opposition avec le ton général du tableau. B. l. 19, h. 14.

LEDUC.

212. Un intérieur où sont réunis plusieurs militaires qui sont groupés près d'une cheminée et occupés à jouer et à fumer, un autre apporte une botte de paille. Tableau très-fin d'exécution. B, l. 20, h. 15.

DIETRICH (Ernest).

213. Deux jolis paysages pittoresques ornés de fabriques. On voit dans l'un et dans l'autre des troupeaux conduits par des pâtres. B. l. 15, h. 10.

GRIEF.

214. Tableaux très-fins représentant des oiseaux et

animaux de diverses espèces dans un paysage; sur le second plan, on voit un homme près d'un âne. B. l. 10, h. 8.

Par le même.

215. Deux tableaux riches de composition, représentant des groupes d'animaux et de gibiers et plus loin des figures de chasseurs. B. l. 13, h. 10.

Par le même.

216. Deux jolis tableaux où l'on voit des chiens gardant du gibier. B. h. 6, l. 4.

Par le même.

217. Joli tableau représentant le paradis terrestre. B. l. 11, h. 8.

BRACKEMBURG (R.).

218. Un petit tableau: dans l'intérieur d'un appartement, l'on voit un écrivain écoutant un homme et une femme qui sont debout devant lui. B. h. 4 1/2, l. 3 1/2.

POEL (Vander).

219. Joli échantillon où l'on aperçoit un paysan causant avec une femme assise près d'une chaumière. Plusieurs animaux et détails divers occupent le devant de la composition. B. l. 9, h. 9.

Velde (Isaïe Vander).

220. Une bataille. Le groupe principal représente des cavaliers et fantassins armés de sabres et de carabines et combattant avec énergie. Les fonds se terminent par l'indication d'un village. Ce tableau est plein d'effet et de mouvement. B. l. 25, h. 16.

Kierings.

221. Une forêt où l'on remarque le sujet de l'ange et Tobie. B. l. 20, h. 15.

Maas.

222. La vue d'un canal glacé en Hollande. On y remarque des patineurs et divers personnages en traîneaux. B. l. 10, h. 8.

Does (Vander).

223. Un joli paysage où l'on voit un bœuf et des moutons se reposant. C. l. 9, h. 7.

Kessel (Van).

224. Un petit tableau, vue de la Hollande pendant l'hiver. On y voit des patineurs sur un canal glacé. B. l. 5, h. 4.

Netscher (manière de).

225. Le portrait d'un homme coiffé de longs che-

veux et vêtu d'un manteau rouge. C. h. 6, l. 4.
Forme ovale.

BOUTH et BOUDEWINS.

226. Un joli paysage orné de figures de chasseurs.

JARDIN (école de Karel du).

227. Un tableau représentant une vache, une chèvre et un mouton dans un paysage. T. h. 28, l. 24.

SNEYDERS (école de).

228. Une tête de cerf très-bien peinte. T. l. 24, h. 20.

GASPRE (manière du).

229. Un paysage où l'on voit des monumens d'architecture et quelques figures. T. l. 26, h. 21.

LEPRINCE, d'après M. Demarne.

230. L'intérieur d'une étable. On y voit une femme causant avec un paysan et occupée à traire une vache. Effet de lumière. T. l. 14, h. 12.

DEMARNE (Léopold).

231. Une très-bonne copie d'après un des tableaux de Cuyp, que l'on voit au Musée. T. l. 22, h. 10.

SAUVAGE.

232. Un trompe-l'œil. Imitation de bas-relief en bronze, jeux d'enfans. B. l. 12, h. 5.

233. Une petite étude représentant une porte cintrée, une autre de paysage sur carton, et une copie d'après Winants.

234. Un petit paysage éclairé par le soleil couchant, un autre avec chaumière, un autre dans le style historique; quelques études par *V. Kessel*, et trois études d'oiseaux par *Viosson*. *Cet article sera divisé.*

235. Trente études peintes : sujet, figures, animaux, paysages et détails par différens maîtres.

236. Cinquante-deux études peintes, dont quelques-unes présumées de M. Demarne.

237. *Les tableaux, études et ébauches divers qui sont omis au catalogue, seront divisés sous ce numéro.*

238. Un dessin au lavis colorié, par *J. Jordaens*, représentant le satyre et le passant. *Encadré.*

239. L'intérieur d'une maison de paysan. Signé C. Dussaert. *Encadré.*

240. Un dessin à l'encre de Chine, représentant une ferme entourée d'arbres et un bœuf dessiné au lavis. *Encadré.*

241. Un lot de dessins par différens maîtres : académies, sujets, croquis, etc.

242. Plusieurs livres de croquis contenant diverses études de différens maîtres.

243. Le joueur de violon, le payeur de rentes, les

politiques de village, 5 estampes encadrées avec palette, d'après M. Wilkie, par MM. *Reimback* et *Burner*.

244. Les baigneuses, d'après J. Vernet, par *Balechou*. Encadré.

245. Dix-sept eaux-fortes, par *Rembrandt*, dont quelques copies.

246. Vingt-une eaux-fortes, par *Waterloo*, trois par *Ruysdaël*, douze par *Everdingen*.

247. Quatre-vingt-deux eaux-fortes, paysages, par *Kobel*.

248. Vingt-neuf eaux-fortes, par *Herman*, *Dietrick*, *Van Hakers*, *Simon de Vlieger*, *Van Goyen*.

249. Trente-cinq eaux-fortes, par *Callot*, *Israël*, *B. Castiglione* et *Tiepolo*.

250. Dix-sept eaux-fortes, par *Ostade*, *Corneille Dussaert* et *Teniers*.

251. Quarante-trois eaux-fortes, sujets, figures, paysages, par *Labelle*, *Larue*, *Boissieux*, *Lebas*, etc.

252. Cinquante-huit eaux-fortes, par *Vander Kabel*, *Vischer*, *Perelle*, *Zeeman*, *Nieulan*, d'après Paul Bril, etc.

253. Quarante-une feuilles d'eaux-fortes, par M. *Dunouy*.

254. Deux cent trente-trois eaux-fortes, animaux,

paysages, par *Karel Dujardin*, *Berghem*, *Paul Potter*, *Vandevelde*, *Londonio*, etc., etc.

255. Trente-cinq estampes, d'après les principaux tableaux de M. Demarne par M. Devisme.

256. Soixante-trois estampes, sujets divers, par et d'après le Guerchin, Michel-Ange, Raphaël, Dominiquin, le Bassan, etc.

257. Quatre-vingt-douze estampes par différens graveurs des écoles allemande, flamande, et hollandaise, d'après Rubens, Teniers, Ostade, Therburg, etc.

258. Soixante-dix estampes : compositions, paysages, batailles, marines, etc., d'après Wouwermans, Vander Meulen, Vandevelde, B. Peeters, P. de Laar, etc.

259. Cinquante-six estampes, d'après N. Berghem, la plupart par Wischer.

260. Dix-neuf estampes, sujets et paysages, d'après le Poussin, la plupart par Claudia Stella.

261. Quarante-sept estampes, d'après Lebrun, Lesueur, Vouet, L. de Lahyre, etc., par différens graveurs.

262. Vingt-six estampes, sujets et figures, d'après Greuze, Watteau, Fragonard, Boucher, Bouchardon, etc.

263. Vingt-six estampes, paysages, marines, etc., d'après Claude Lorrain, J. Vernet, etc.

264. Environ cent neuf estampes : vues de villes, paysages marines, par Perelle, Silvestre, Israël, Labelle, etc.

265. Quatre-vingt-six feuilles de gravures, vues d'Espagne, par MM. Tillard, Baltard, Benoist, Dequevauvillers, Delaunay, etc., d'après les dessins de MM. Liger, Mouligner, Vauzelle, Dutailly, etc.

266. Vingt-et-une estampes d'après l'antique, la plupart gravées par P. S. Bartoli.

267. Soixante-quinze estampes, modèles de vaisseaux et barques.

268. Environ deux cents estampes, sujets divers et paysages, par différens graveurs, d'après différens maîtres des trois écoles.

269. Sept lithographies, sujets tirés des contes de La Fontaine, par M. Hersent.

270. Six lithographies, marines, par M. Gudin.

271. Douze lithographies par MM. Carle et Horace Vernet.

272. Quarante-six lithographies, sujets, compositions, paysages, animaux, fleurs, par MM. Gros, Hersent, Guérin, Hippolyte, Le Comte, Vauzelle, Robert, Bourgeois, Redouté, Mme. Haudebourg, etc.

273. Les OEuvres de Cobell, 1 vol. OEuvres de Dietrich, 1 vol. Un Recueil d'animaux d'aprè

P. Potter, par *Marc de Bye*, 1 vol., et les Fables d'Ésope avec 140 estampes, par Sadeler, 1 vol.

274. Trois Recueils contenant un nombre considérable d'estampes et eaux-fortes diverses, compositions, paysages, portraits, etc., par *Callot, Tempeste, Ollard, Watterloo, Labelle, Perelle, Larue*, etc.

275. Un volume contenant 113 eaux, par *Everdingen* et *Clingen*; la Vie de Samson, d'après Verdier, par *Poilly*, 1 vol. Un Recueil de frises par *Brebiette*.

276. Les Fastes de la nation française; Promenades et Itinéraires à Chantilly et à Ermenonville; un Album de lithographies, par MM. *Horace* et *Carle Vernet, Gros, Hersent*.

277. Plusieurs Recueils de principes de dessins et ornemens d'architecture.

278. Deux médailles d'or, obtenues aux expositions du Louvre; l'une sous Napoléon en 1806, l'autre sous Louis XVIII en 1819.

279. Une tabatière ornée d'une peinture à l'huile, représentant un paysage où l'on voit une femme gardant des bestiaux.

280. Une petite cuirasse, un mannequin, un poignard, une hallebarde, des palettes, boîtes à couleurs, chevalets et autres objets relatifs à la peinture, seront divisés sous ce numéro.

5

281. Les objets divers omis au Catalogue seront vendus sous ce numéro.

Plusieurs des lots de dessins, de croquis et d'estampes seront divisés.

IMPRIMERIE MOREAU, RUE MONTMARTRE, N°. 39.

NOTICE

DE FORT BEAUX

TABLEAUX

DE DEMARNE,

DONT LA VENTE,

APRÈS DÉCÈS DE MADAME VEUVE VARNIER,

Aura lieu, en son domicile, boulevard Poissonnière, n°. 14, le Jeudi 18 Avril 1833, heure de midi,

PAR LE MINISTÈRE DE M°. PETIT,

COMMISSAIRE-PRISEUR, BOULEVART POISSONNIÈRE, N°. 14;

Chez qui se distribue la présente Notice.

L'EXPOSITION SERA PUBLIQUE

Les Dimanche 14 et Lundi 15 Avril 1833, de midi à quatre heures.

NOTA. *L'Argenterie sera vendue le même jour que les Tableaux, et le restant du Mobilier le lendemain.*

AVERTISSEMENT.

Les grands Tableaux qui forment les premiers numéros de cette Notice ont été faits par Demarne, à son retour de Suisse, pour décorer la jolie maison de campagne que défunt M. Varnier, docteur près la faculté de Paris, possédait à Bagneux, près Sceaux. Demarne venait de voir une belle nature, riche en végétation; aussi les tableaux qui composent notre exposition sont-ils largement faits, d'une belle couleur et pleins de vérité.

Nos autres Tableaux sont quatre jolis sujets tirés de l'histoire de Ruth et Booz, faits aussi par Demarne pour M. Varnier; ils représentent l'arrivée de Ruth, sa réception chez Booz, le commencement de leur intimité et leur mariage.

S'il se présentait quelqu'un qui demandât que les Tableaux désignés aux dix premiers numéros de la Notice fussent réunis en un seul lot, et s'il offrait une enchère supérieure à la somme à laquelle auraient monté les adjudications partielles, l'adjudication qui serait alors prononcée serait seule définitive; dans le cas contraire, les premières seraient maintenues. Il en sera de même pour les quatre tableaux de Ruth et Booz.

Il serait fâcheux de voir détruire un ensemble aussi précieux et qu'il serait impossible de recomposer : espérons, pour les arts, qu'un amateur s'en rendra adjudicataire.

NOTICE

DE FORT BEAUX

TABLEAUX

DE DEMARNE.

———————

1   Intérieur d'une Forêt : un garde, assis sur un chêne abattu auprès d'une mare, cause avec une paysanne qui vient de faire du bois; un hêtre tortueux détache son écorce blanchâtre sur la masse imposante d'un vieux chêne qui borde un chemin. Au-delà de la forêt et à travers les arbres, on aperçoit, à une distance immense, des garennes et des taillis. Ce tableau plein d'air et de profondeur est d'un effet admirable.

T., L. 4 p. 5 p., H. 5 p. 6 p. 1/2.

2   Une Villageoise parle à un paysan assis sur le tronc noueux d'un hêtre qui s'avance au-dessus des eaux d'une cascade : des montagnes dorées par un soleil couchant forment le fond, et complètent ce joli paysage plein de

vapeur et d'harmonie : les premiers plans sont brillans et d'une grande vérité.

T., L. 4 p. 5 p., H. 5 p. 6 p. 1/2.

3   Sur le sommet d'une montagne boisée qui domine un lac d'une grande étendue, on voit une Bergère assise la quenouille à la main, et près d'elle sa vache et son chien : un vieux chêne détache son bois tortueux sur un ciel brillant qui colore les montagnes. A gauche, sur une colline couverte de végétation, l'on voit un moulin alimenté par une cascade : les premiers plans sont vigoureux et bien peints.

T., L 6 p. 8 p., H. 5 p. 6 p. 1/2.

4   Une Femme, la tête couverte d'un chapeau de paille et suivie de son chien, traverse un pont rustique jeté sur un torrent qui roule ses eaux dans le fond d'un ravin; un terrain plein d'accidens complète ce beau tableau dont les premiers plans sont très pittoresques et d'une belle couleur.

T., L. 4 p. 6 p., H. 5 p. 6 p. 1/2.

5   Une Femme montée sur un cheval blanc parle à un homme vêtu d'un manteau rouge.

On voit sur le premier plan un chêne renversé traversant un torrent qui coule au pied d'une montagne au sommet de laquelle sont les restes d'un vieux château; les fonds sont dans la vapeur et pleins de suavité.

T., L. 4 p. 10 p. 1/2, H. 5 p. 6 p. 1/2.

6   Un Homme à cheval est arrêté au bord d'un ruisseau qu'il vient de traverser, et jase avec une paysanne qui se dispose à prendre le même chemin; le chien du cavalier profite de leur conversation pour étancher sa soif : des rochers couverts de ruines et des montagnes escarpées, aux pieds desquels coule une rivière, s'harmonisent avec un ciel chaud de ton, éclairé par les derniers rayons du soleil.

T., L. 6 p. 6 p., H. 5 p. 6 p. 1/2.

7   A la sortie d'un bois qui couronne une montagne au pied de laquelle coule un torrent, on voit une jeune Villageoise s'en allant au marché un panier au bras, et se dirigeant vers une barrière auprès de laquelle est un champ de blé; la barrière est appuyée sur un tronc d'arbre qui se détache en vigueur sur un fond vaporeux en entier dans la demi-teinte. Ce tableau est brillant et d'une jolie couleur.

T., L. 4 p. 7 p. 1/2, H. 5 p. 6 p. 1/2.

8   Une Femme, montée sur un âne et précédée d'une vache, passe à gué une rivière sur laquelle était autrefois un pont dont on voit les

ruines; une longue suite de montagnes d'un ton chaud et harmonieux termine l'horizon.

т., L. 4 p. 6 p., H. 5 p. 6 p. 1/2.

9 Deux Paysages en hauteur; effet de matin et effet de soleil couchant formant entre-deux, ayant 8 pouces 1/2 de large sur 5 pieds 9 pouces de haut, sans le cadre.

10 Deux Cascades; effet de matin et effet de soleil couchant formant entre-deux; ayant 8 pouces 1|2 de large sur 5 pieds 9 pouces de haut sans les cadres.

Nota. Ces dix numéros, après avoir été vendus séparément, seront réunis et vendus en un seul lot, et si cette dernière adjudication est plus élevée que la somme des dix premières, elle sera seule définitive; dans le cas contraire les premières seront maintenues.

11 Ruth et Booz. — Ruth demande à une vieille femme le chemin qui mène à la demeure de Booz; celle-ci lui montre dans le lointain des bâtimens construits au bord d'une rivière qui sillonne un joli paysage.

Ce petit tableau est charmant, les fonds sont pleins d'air et d'une grande finesse.

т., L. 8 p. 6 l., H. 6 pouces.

12   Booz conduit Ruth dans ses champs et lui indique quel sera son travail; ses serviteurs sont occupés à la moisson ; le paysage est délicieux : les champs de blés dorés et le ciel brillant de lumière contrastent agréablement avec le massif d'arbres qui forme le premier plan.

    L. 8 p. 6 l., H. 6 pouces.

13   Après une journée de fatigues, Booz retiré dans ses granges, au milieu de ses récoltes, goûte la fraîcheur de la nuit, et déjà touché des vertus de Ruth il prend plaisir à s'entretenir avec elle.

    L. 8 p. 6 l., H. 6 pouces.

14   Booz ayant apprécié les qualités de Ruth se décide à l'épouser : on le voit assis avec sa jeune épouse à une table dressée sous des arbres où se fait le festin : une couronne de fleurs et de verdure est suspendue sur leurs têtes, et de nombreux convives se livrent à la joie.

    Ce joli tableau est plein de gaîté et de mouvement; la touche en est légère et pleine d'esprit.

    L. 8 p. 6 l., H. 6 pouces.

NOTA. Ces tableaux, après avoir été vendus séparément, seront réunis et vendus en un seul lot, si quelqu'un le demande; et si cette dernière adjudication est plus élevée que la somme totale des quatre autres, elle sera seule définitive; dans le cas contraire les premières seront maintenues.

15   Une Peinture sur porcelaine par Mlle Demarne, représentant un Pâtre buvant le lait d'une chèvre que vient de traire une bergère.

IMPRIMERIE DE PIHAN DELAFOREST (MORINVAL),
RUE DES BONS-ENFANS, N°. 34.

www.ingramcontent.com/pod-product-compliance
Lightning Source LLC
Chambersburg PA
CBHW070208230526
45471CB00002B/881